READING JESUS LIGHT

3

JN415928

리딩지저스 성경통독 라이트
3권 욥기-아가

2025년 10월 21일 초판 1쇄 발행

펴낸곳 웨스트민스터프레스코리아
펴낸이 줄리어스 김
지은이 웨스트민스터프레스코리아 편집부

웨스트민스터프레스코리아

주소 서울시 강남구 테헤란로 33길 18, 628호
전화 02-2289-9081
이메일 readingjesus@wts.edu

ISBN 979-11-92860-12-1 (04230)

Copyright © 2025 Westminster Theological Seminary
This edition is printed under exclusive license to Westminster Korea. All rights reserved.

이 책의 저작권은 Westminster Theological Seminary가 소유하며 출판권은 독점 계약에 따라 웨스트민스터코리아에게 있습니다. 신저작권법에 의하여 한국 내에서 보호를 받는 저작물이므로 무단 전재와 복제를 금합니다.

READING JESUS LIGHT

리딩지저스 성경통독 라이트

그리스도 중심 성경읽기

3

욥기-아가

WPK

서문

‘성경을 처음부터 끝까지 읽는 것’, 많은 그리스도인이 마음속에 품고 있는 소망이자 과제입니다. 많은 교회에서 새해가 시작될 때마다 성경읽기표를 나누고 “올해는 성경을 일독합시다”라는 목표를 세우지만 실제 완독률은 그리 높지 않습니다. 성경 통독은 단순한 결심이나 습관으로는 지속하기 어려운 여정이기 때문입니다. 바쁜 일상, 이해하기 어려운 본문, 흐름을 따라가기 힘든 구조 등 여러 이유로 성경 통독은 여전히 많은 이들에게 힘든 도전으로 남아 있습니다.

하지만《리딩지저스》출간 이후, 이 여정이 조금 달라졌습니다. 많은 교회와 성도들이 성경을 처음부터 끝까지 읽는 것이 가능할 뿐 아니라 교회 공동체가 함께할 때 더 큰 유익이 있음을 경험하고 있습니다. 그동안 어렵게만 느껴졌던 성경 일독이 가능해진 것입니다. 창세기부터 요한계시록까지 성경을 순서대로 따라가며, 하나님께서 성경을 주신 목적과 의미를 되새기고, 성경의 큰 그림 안에서 예수 그리스도를 바라보는 여정, 이것이 그리스도 중심 성경 읽기《리딩지저스》의 핵심입니다.

예수님은 말씀하셨습니다. "너희가 성경에서 영생을 얻는 줄 생각하고 성경을 연구하거니와 이 성경이 곧 내게 대하여 증언하는 것이니라"(요한복음 5:39). "모세를 믿었더라면 또 나를 믿었으리니 이는 그가 내게 대하여 기록하였음이니라"(요한복음 5:46). 또한 부활하신 후 엠마오로 가던 제자들에게, 모세와 선지자의 글 전체가 자신에 관한 것임을 자세히 설명하셨고(누가복음 24:27), 또 다른 제자들과 함께하셨을 때는 그들의 마음을 열어 모세의 율법과 선지자와 시편, 즉 구약 전체가 자신을 가리킨다는 사실을 깨닫게 하셨습니다(누가복음 24:44-45).

《리딩지저스》는 예수님께서 친히 가르쳐 주신 방식으로 성경을 읽도록 돕습니다. 구약성경의 중심 메시지가 예수 그리스도이심을 발견하고, 성경 전체에 흐르는 그분의 복음을 만나도록 안내합니다.

《리딩지저스 성경통독 라이트》는 《리딩지저스》보다 더 쉽고 실용적인 통독 워크북을 바라는 요청을 반영해 만들어졌습니다. 주차별 영상, 통독 분량에 맞춘 오디오 바이블, 따라가기 쉬운 성경 읽기 안내, 소모임 나눔을 위한 장까지, 누구든 《리딩지저스 성경통독 라이트》와 함께 부담 없이 성경 통독을 시작하고 끝까지 함께 갈 수 있도록 구성했습니다. 그래서 성경 통독을 처음 시작하거나, 공동체와 함께 처음 말씀을 읽어 가려는 이들을 위해 쉽고 실용적으로 구성했습니다. 그러나 그리스도 중심 설교를 준비하는 목회자나 교회의 중직자, 평신도 리더들이라면, 이번 책보다 더 심

화된 내용을 담고 있는《리딩지저스》를 함께 참고하시기를 권합니다. 성경 각 권에 담긴 복음의 메시지를 더 깊이 있게 다루며, 설교와 교육, 제자훈련 등의 실제 사역에 유익한 통찰을 제공합니다.

《리딩지저스 성경통독 라이트》와 함께 그리스도 중심으로 성경을 읽는다는 것은 단순한 지식이나 느낌을 넘어 예수님께 우리의 시선을 고정하는 경험입니다. 그분만이 우리 삶을 진정으로 변화시키신다는 복음의 능력을 날마다 새롭게 다시 입는 여정입니다. 그리고 이 여정은 혼자 걸을 때보다 교회가 함께할 때 더욱 풍성해집니다.《리딩지저스 성경통독 라이트》와 함께 주님의 말씀을 따라가는 이 길을 여러분이 같이 걸으면 좋겠습니다.

《리딩지저스》 소개

《리딩지저스》는 예수 그리스도 중심으로 성경 전체를 읽도록 안내하는 성경읽기 프로그램입니다. 미국 웨스트민스터 신학교의 성경신학 강의를 기반으로 독자적으로 개발된 이 프로그램은 교회와 성도들이 성경의 큰 흐름을 따라가며 바른 신학적 틀 안에서 복음을 발견하고 삶에 적용할 수 있도록 안내합니다. 다양한 자료들을 활용하여 온 교회가 함께 성경을 1년에 일독할 수 있도록 돕습니다.

성경을 처음부터 끝까지, 순서대로

《리딩지저스》는 창세기부터 요한계시록까지 성경 전체를 순서대로 읽도록 안내합니다. 복잡한 해설 없이 본문의 핵심을 간결하게 안내하며 매일 정해진 범위를 읽어 나가도록 구성되어 있습니다. 각 권마다 제공되는 성경 수업 일러스트 영상으로, 성경의 큰 흐름을 이해하고 신뢰할 수 있는 신학적 틀 안에서 말씀을 읽을 수 있도록 도와줍니다.

예수님 중심으로, 예배하는 마음으로

《리딩지저스》는 성경이 하나님의 감동으로 기록된 말씀이라는 신앙고백 위에 세워져 있습니다. 성경 전체를 통해 예수 그리스도의 복음을 발견하도록 인도하며, 그 복음의 능력은 우리를 하나님께 영광을 돌리도록 이끕니다. 이때 성경읽기는 단순한 독서가 아니라 하나님을 영화롭게 하는 예배가 됩니다. 말씀을 통해 예수님을 더 깊이 알고, 그분을 더욱 사랑하게 됩니다.

하루 30분, 보고 듣고 읽고

《리딩지저스》는 통독을 위한 다양한 자료를 제공합니다. 각 주의 성경 흐름을 정리한 영상뿐만 아니라, 본문 분량에 맞춘 오디오 성경을 함께 활용하면 하루 30분 안에 말씀을 보고, 듣고, 읽는 것이 가능해집니다. 모든 자료를 교재 안의 QR코드를 통해 쉽게 접근할 수 있어 누구나 부담 없이 시작할 수 있고, 꾸준히 지속할 수 있습니다.

온 교회를 위한 성경읽기

《리딩지저스》는 개인, 소모임, 전교인 공동체 모두가 사용할 수 있도록 구성되어 있습니다. 실제로 많은 교회에서 주일 설교와 연계한 전교인 성경 통독, 소그룹 양육, 제자훈련 교재로 활용하고 있으며, 말씀 중심의 교회를 세우는 데 유익한 도구로 사용하고 있습니다.

《리딩지저스》는 다음과 같이 여섯 권으로 나뉘어 있으며, 총 45주 안에 성경 전체를 일독할 수 있도록 구성되어 있습니다.

그리스도 중심으로 창세기부터 요한계시록까지

1권 창세기-여호수아(7주)

2권 사사기-에스더(8주)

3권 욥기-아가(7주)

4권 이사야-말라기(9주)

5권 마태복음-로마서(7주)

6권 고린도전서-요한계시록(7주)

《리딩지저스》는 성경 통독을 시작할 수 있도록 돕는 단순하지만 깊이 있는 도구입니다. 예수님과 동행하는 그리스도 중심 성경읽기를 제안합니다.

이 책의 활용법

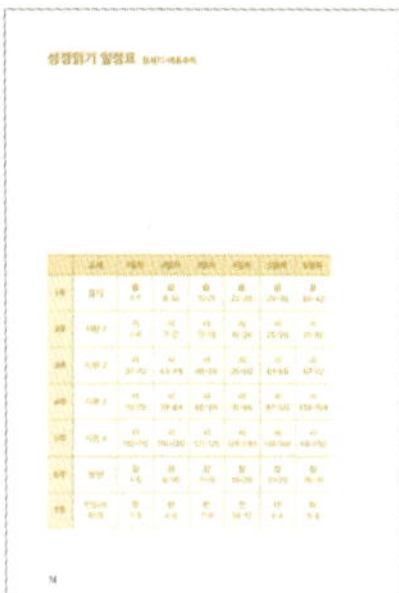

1. 성경읽기를 한눈에

14쪽에 있는 **성경읽기 일정표**를 열어 보세요. 《리딩지저스 성경통독 라이트》 3권을 따라서 "욥기-아가"를 7주간 통독하는 전체 과정을 볼 수 있습니다. 시작이 반이라는 말이 있죠. 여기서 마음을 다잡고 시작하는 거예요. 차근차근 따라가다 보면 45주간 창세기부터 요한계시록까지 1년에 일독하는 과정을 마칠 수 있습니다.

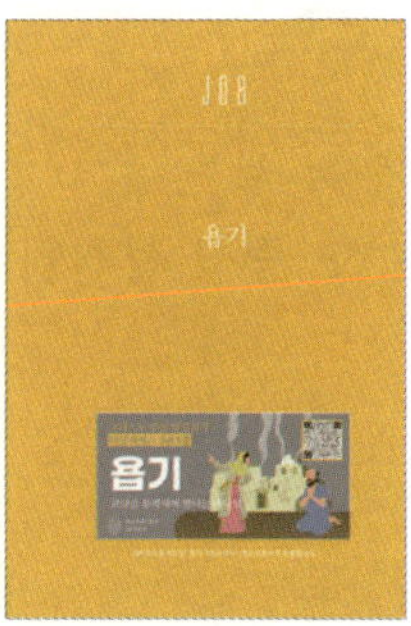

2. 영상으로 시작

각 장 맨 앞에는 **리딩지저스 영상**이 있습니다. 이번 주에 읽을 성경의 줄거리와 신학 주제를 알려 주고, 그리스도 중심이라는 큰 그림 안에서 성경을 이해하도록 돕습니다. 휴대폰으로 QR 코드를 찍으면 바로 영상으로 연결할 수 있어요.

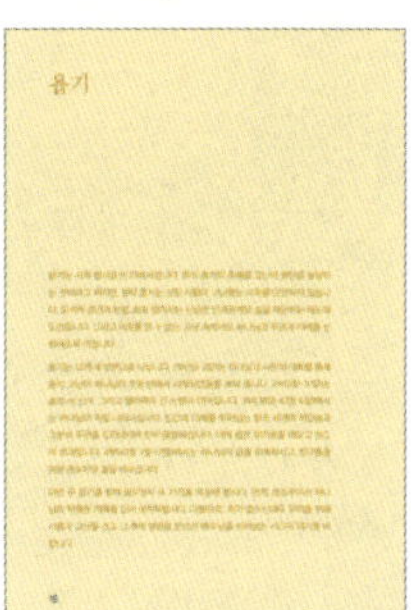

3. 이번 주 성경 개관

자, 이제 시작입니다. 한 주간 읽을 성경의 **전체 구조와 흐름**을 한눈에 볼 수 있어요. 성경 내용이 다소 길게 느껴질 때도 여기서 준비운동만 잘하면 길을 잃지 않고 완주할 수 있어요.

4. 통독 과정 확인

통독하다 보면 어디쯤 읽고 있는지, 얼마나 읽어야 하는지를 잊고 무작정 읽을 때가 많습니다. **이번 주 성경읽기**는 성경 전체 내용 중 어디쯤 읽고 있는지도 알려 주고, 이번 주에 통독할 구간이 어디인지도 자세히 알려 줍니다.

5. 하루에 한 쪽씩

① 통독 본문 읽기/듣기
오늘의 성경 본문을 읽습니다. QR 코드를 찍으면 오디오 바이블로 연결됩니다.

② 통독 본문 요약
오늘의 본문을 이해할 수 있도록 돕는 내용입니다. 먼저 읽고 통독하셔도 좋고, 통독한 다음에 정리하는 용도로 보셔도 좋습니다.

③ 묵상 노트
자신만의 묵상을 이곳에 적어봅니다. 기억에 남은 말씀이나 기도도 물론 괜찮습니다.

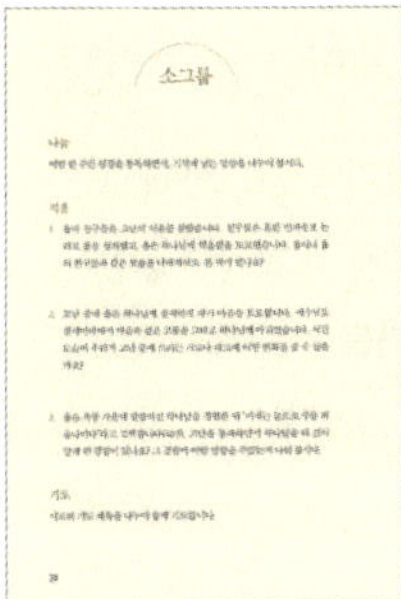

6. 함께 모여서 나눔

소그룹으로 모여서 한 주간 읽은 성경을 놓고 함께 이야기 나누면 더욱 좋습니다. 자신이 묵상한 내용이나 기억에 남았던 성경 구절을 꺼내 놓아도 괜찮고, 적용 질문에 답하며 서로를 응원하고 격려해도 좋습니다.

리딩지저스를 더 깊이 만나는 방법

리딩지저스 웹사이트 readingjesus.net

리딩지저스와 관련한 다양한 자료와 리딩지저스를 활용하는 교회들의 실제 사례를 확인하실 수 있습니다.

리딩지저스 유튜브 채널

리딩지저스 영상, 리딩지저스 오디오 바이블, 그 외 다양한 리딩지저스 활용 콘텐츠와 소식을 영상으로 만날 수 있습니다.

리딩지저스 컨퍼런스

그리스도 중심 성경읽기의 중요성을 확인하고 말씀으로 교회가 하나 되는 구체적인 사례와 방법론을 현장에서 생생하게 제시합니다.

리딩지저스 인도자 세미나

그리스도 중심 성경읽기의 중요성에 공감하여 리딩지저스를 각 교회에서 활용하기를 원하는 목회자들을 구체적이고 실제적인 방법으로 돕습니다.

목차

서문 4

《리딩지저스》 소개 7

이 책의 활용법 10

성경읽기 일정표 14

욥기 15

시편 1 25

시편 2 35

시편 3 45

시편 4 55

잠언 65

전도서, 아가 75

성경읽기 일정표 욥기-아가

	교재	1일차	2일차	3일차	4일차	5일차	6일차
1주	욥기	욥 1-7	욥 8-14	욥 15-21	욥 22-28	욥 29-35	욥 36-42
2주	시편 1	시 1-6	시 7-12	시 13-18	시 19-24	시 25-30	시 31-36
3주	시편 2	시 37-42	시 43-48	시 49-54	시 55-60	시 61-66	시 67-72
4주	시편 3	시 73-78	시 79-84	시 85-90	시 91-96	시 97-102	시 103-109
5주	시편 4	시 110-115	시 116-120	시 121-125	시 126-130	시 131-140	시 141-150
6주	잠언	잠 1-5	잠 6-10	잠 11-15	잠 16-20	잠 21-25	잠 26-31
7주	전도서 아가	전 1-3	전 4-6	전 7-9	전 10-12	아 1-4	아 5-8

JOB

욥기

QR 코드를 찍으면 '욥기' 리딩지저스 영상으로 바로 연결됩니다

욥기

욥기는 시의 형식을 띤 지혜서입니다. 흔히 욥기의 주제가 고난의 원인을 설명하는 것이라고 하지만, 정작 욥기는 선한 사람이 고난받는 이유를 단언하지 않습니다. 오히려 경건과 번영, 죄와 벌이라는 단순한 인과관계로 삶을 재단하는 태도에 도전합니다. 그리고 이유를 알 수 없는 고난 속에서도 하나님의 주권과 지혜를 신뢰하도록 이끕니다.

욥기는 크게 네 부분으로 나뉩니다. 1부(1-2장)는 하나님과 사탄의 대화를 통해 욥의 고난이 하나님의 주권 안에서 시작되었음을 보여 줍니다. 2부(3-37장)는 욥과 세 친구, 그리고 엘리후의 긴 논쟁이 이어집니다. 3부(38-42장 6절)에서는 하나님이 직접 나타나십니다. 인간의 이해를 뛰어넘는 창조 세계의 복잡성과 그분의 주권을 드러내시며 친히 말씀하십니다. 이에 욥은 무지함을 깨닫고 엎드려 회개합니다. 4부(42장 7-17절)에서는 하나님이 욥을 회복하시고, 친구들을 위한 중보자로 욥을 세우십니다.

이번 주 욥기를 함께 읽으면서 두 가지를 묵상해 봅시다. 먼저, 창조주이신 하나님의 탁월한 지혜를 깊이 생각해 봅시다. 다음으로, 죄가 없으신데도 우리를 위해 시험과 고난을 겪고 그 후에 영광을 받으신 예수님을 바라보는 시간이 되기를 바랍니다.

이번 주 성경읽기

1일차 욥기 1-7장

2일차 욥기 8-14장

3일차 욥기 15-21장

4일차 욥기 22-28장

5일차 욥기 29-35장

6일차 욥기 36-42장

1일차

욥기 1-7장

오디오 바이블

고난이 온전한 자를 덮치다

욥은 하나님이 "온전하고 정직하여 하나님을 경외하며 악에서 떠난 자"(1:1)라고 인정하신 인물입니다. 하지만 사탄은 욥의 경건이 하나님이 베푸신 복 때문이라고 참소합니다. 하나님은 욥의 신실함을 드러내기 위해 사탄의 시험을 허락하십니다. 욥은 하루아침에 모든 자녀와 재산을 잃고, 심한 종기로 건강마저 잃습니다. 욥의 아내는 "하나님을 욕하고 죽으라"라고 하며 그를 떠납니다. 세 친구가 위로하러 왔지만, 욥은 극심한 고통 속에서 자신의 생일을 저주하며 슬픔을 쏟아 내고, 하나님께 고난의 이유를 묻습니다. 엘리바스는 죄 때문이라며 회개를 촉구하지만, 욥은 자신의 무죄를 주장하며 하나님께 답을 구합니다.

묵상 노트

2일차

욥기 8-14장

오디오 바이블

친구들의 정죄와 욥의 항변

"네 시작은 미약하였으나 네 나중은 심히 창대하리라"(8:7)라는 빌닷의 말은 문맥을 무시하고 잘못 인용되는 대표적인 성경 구절입니다. 빌닷은 인과응보의 논리를 적용해, 욥이 회개하면 하나님이 복을 주신다는 의미로 이렇게 말했습니다. 하지만 욥은 양심에 비추어 자신이 이런 고난을 받을 이유가 없다고 주장하며, 하나님도 자신이 악하지 않음을 아신다고 확신합니다(10:7). 소발 역시 욥이 죄를 자백해야 한다고 몰아세웁니다. 욥은 친구들의 비방을 거짓이라고 단언하며, 하나님 앞에서 직접 변론해 정의롭다 함을 얻겠다고 호소합니다(13:4, 18).

묵상 노트

3일차

욥기 15-21장

오디오 바이블

절망 가운데 구원을 소망하다

두 번째 논쟁에서 엘리바스는 욥의 한탄과 기도가 오히려 욥을 정죄하고 욥에게 불리한 증언이 된다고 비난합니다. 욥은 친구들이 위로는커녕 재난을 더하게 한다고 말합니다. 빌닷은 악인은 반드시 심판받는다는 논리로 욥의 주장을 부정합니다. 욥은 친구들의 비난이 자신을 더욱 괴롭게 한다고 토로합니다. 하지만 절망 속에서도 "나의 대속자가 살아 계시니…내가 육체 밖에서 하나님을 보리라"(19:25-26)라고 하며 구원의 소망을 고백합니다. 소발은 악인의 끝은 멸망이라고 단언하고, 욥은 이에 맞서 반박합니다. 그는 고난과 번영이 반드시 행위의 결과로 결정된다는 인과응보 논리가 현실과 맞지 않는다고 강조합니다.

묵상 노트

4일차

욥기 22-28장

오디오 바이블

논쟁 중에 드러나는 인간의 한계

세 번째 논쟁에서 엘리바스는 욥에게 죄를 인정하고 회개하면 복을 받을 것이라고 권면합니다. 하지만 욥은 친구들이 아닌 하나님과 직접 변론하고 싶지만, 그분을 찾을 수 없다고 토로합니다. 욥은 하나님이 자신의 길을 아시며, 자기가 하나님의 명령을 어기지 않았음을 아실 것이라고 확신합니다(23:10-12). 빌닷은 하나님 앞에서 의인은 없다고 주장하고, 욥은 반복되는 비난에 지쳐 갑니다. 친구들이 무고한 사람을 정죄하고 있다며, 하나님이 그들을 옳다고 하지 않으실 것이라고 합니다. 욥은 끝까지 자신의 의로움을 지키겠다고 다짐하며, 참된 지혜는 하나님을 경외하고 악을 떠나는 것임을 강조합니다.

묵상 노트

욥기 29-35장

오디오 바이블

엘리후의 등장과 미흡한 해결

세 친구와의 논쟁이 끝나자, 욥은 과거를 회상합니다. 많은 사람을 도와주고 존경받던 때를 떠올립니다. 하지만 지금은 그들한테도 조롱받고 하나님한테도 버림받은 것 같다며, 극심한 고통을 호소합니다. 이때 젊은 엘리후가 등장해 분노하며 논쟁에 끼어듭니다(32-37장). 엘리후는 욥이 자기 의를 주장한다며 책망하고, 하나님은 절대 불의한 분이 아니시며 도리어 고난을 통해 사람을 가르치신다고 말합니다. 엘리후는 인과응보에 기초한 해석에서 벗어나 새로운 관점을 제시하지만, 욥의 고난은 완전히 해결되지 않습니다. 욥기의 진정한 전환점은 하나님이 직접 자신을 드러내시고 말씀하실 때 찾아옵니다.

묵상 노트

6일차

욥기 36-42장

오디오 바이블

마침내 하나님, 회개와 회복

엘리후의 말이 끝나자, 여호와께서 폭풍 가운데 나타나 욥에게 말씀하십니다. 창조 세계와 자연의 질서, 모든 피조물을 다스리는 자신의 지혜와 권능을 드러내십니다. 하나님은 한낱 피조물인 욥에게 직접 찾아오셔서, 자신의 위대함과 자비와 사랑을 알려 주십니다. 이에 욥은 자신의 무지함을 고백하고 겸손히 엎드려 회개합니다. 하나님은 친구들의 잘못을 책망하시고, 그들을 위해 욥이 기도하게 하십니다. 고난을 통과하며 회복된 욥의 이야기는 우리를 그리스도께로 향하게 합니다. 십자가의 고통 가운데서도 우리를 변호하시고, 부활의 영광으로 우리를 축복하시는 그분을 바라보게 합니다.

묵상 노트

소그룹

나눔

이번 한 주간 성경을 통독하면서, 기억에 남는 말씀을 나누어 봅시다.

적용

1. 욥과 친구들은 고난의 이유를 몰랐습니다. 친구들은 흔한 인과응보 논리로 욥을 정죄했고, 욥은 하나님께 억울함을 토로했습니다. 욥이나 욥의 친구들과 같은 모습을 나에게서도 본 적이 있나요?

2. 고난 중에 욥은 하나님께 솔직하게 자기 마음을 토로합니다. 예수님도 겟세마네에서 마음속 깊은 고통을 그대로 하나님께 아뢰었습니다. 이런 모습이 우리가 고난 중에 드리는 기도나 태도에 어떤 변화를 줄 수 있을까요?

3. 욥은 폭풍 가운데 말씀하신 하나님을 경험한 뒤 "이제는 눈으로 주를 뵈옵나이다"라고 고백합니다(42:5). 고난을 통과하면서 하나님을 더 깊이 알게 된 경험이 있나요? 그 경험이 어떤 영향을 주었는지 나눠 봅시다.

기도

서로의 기도 제목을 나누며 함께 기도합니다.

PSALM 1

시편 1

QR 코드를 찍으면 '시편 1' 리딩지저스 영상으로 바로 연결됩니다

시편 1

시편은 하나님을 향한 찬양이자 기도인 동시에 하나님의 말씀입니다. 시에는 산문에는 없는 독특한 힘이 있습니다. 감정을 일깨우고, 상상력을 자극하며, 지성뿐 아니라 전 인격에 호소합니다. 하나님을 향한 예배는 견고한 신학 위에 세워져야 합니다. 하지만 한편으로는 그 이상을 담아야 합니다. 그 일을 바로 시가 합니다.

시편에는 총 150편의 시가 있으며, 다섯 권으로 나뉩니다. 각 권의 마지막은 "아멘"이나 "할렐루야" 같은 찬양으로 끝납니다. 시편 전체가 하나의 거대한 찬양이자 기도입니다. 특히 마지막 여섯 편의 시(145-150편)는 '대찬양'(mega-doxology)으로 마치면서 찬양의 절정을 이룹니다.

시편 1편과 2편은 전체 시편의 서론으로, 시편의 주요 주제를 함축해서 보여 줍니다. 하나님의 율법을 즐거워하는 의인, 의인과 악인의 대조와 갈등, 하나님 통치에 대한 확신, 다윗 왕조를 향한 하나님의 약속, 그 성취를 갈망하는 종말론적 관점이 모두 담겨 있습니다. 이 주제들은 이후에 이어지는 모든 시에서 나타납니다.

이번 주에는 시편 1-36편을 함께 읽습니다. 그리고 리딩지저스 영상에서는 시편 시의 특징과 본질을 함께 살펴보겠습니다.

이번 주 성경읽기

1일차 시편 1-6편

2일차 시편 7-12편

3일차 시편 13-18편

4일차 시편 19-24편

5일차 시편 25-30편

6일차 시편 31-36편

1일차

시편 1-6편

오디오 바이블

복 있는 자의 길

시편 1편과 2편은 시편 전체의 서론으로, 참된 복이 무엇인지를 수미상관을 이루며 보여 줍니다. 하나님의 율법을 즐거워하며 묵상하는 자가 복이 있다며 1편을 시작하고, 여호와께 피하는 자가 복되다고 선언하며 2편을 마무리합니다. 3편부터 시편 1권(3-41편)이 본격적으로 시작되는데, 전반적으로 의인과 악인을 선명하게 대조합니다. 다윗은 대적을 피해 도망 다니며 하나님의 보호를 간구하고, 깊은 고통과 원수의 공격 속에서도 하나님의 긍휼을 부르짖습니다. 다윗은 하나님이 주의 이름을 의지하는 자를 지키시고, 또한 그들의 기도를 들으신다고 확신하며 고백합니다.

묵상 노트

2일차

시편 7-12편

오디오 바이블

탄식에서 찬양으로, 공의를 구하며

시편 7-12편은 우리의 감정과 탄식을 솔직하게 하나님께 털어놓게 하고, 결국 하나님의 공의와 인자하심을 찬양하게 합니다. 다윗은 억울한 고소와 원수들의 압박 속에서 하나님의 의로운 심판을 구하는데, 악인은 자기가 판 함정에 빠지고 의인은 하나님의 의를 찬송하게 될 것이라고 확신합니다. 다윗은 창조 세계 가운데서 인간을 돌보시고 영화와 존귀로 관을 씌워 주신 하나님의 은혜를 노래하고(8편), 극심한 환난 중에도 주께 피하는 믿음을 고백합니다. 또한 주의 말씀만이 순결하며 절대 변하지 않는 구원의 약속이라고 선포합니다.

묵상 노트

3일차

시편 13-18편

오디오 바이블

절망에서 소망으로, 구원을 노래하며

시편 13-18편은 절망에서 소망으로 나아가는 시편의 본질을 잘 보여 줍니다. 다윗은 깊은 절망 속에서 하나님께 부르짖고, 하나님의 인자하심을 신뢰하며 찬송합니다. 다윗은 하나님을 부인하고 악을 행하는 어리석은 자들을 책망하고, 하나님이 의인과 함께하심을 선포하며, 정직과 의를 행하는 삶을 노래합니다. 또한 사울의 손에서 구원해 주신 하나님께 감사와 찬양을 드리며, 자신의 기도를 들으시고 원수들로부터 보호해 주신 은혜를 고백합니다.

묵상 노트

4일차

시편 19-24편

오디오 바이블

창조, 율법, 구원을 아우르는 하나님의 통치

시편 19-24편은 창조와 율법, 구원과 통치에 대한 찬양으로 가득합니다. 시편 19편은 하나님의 창조와 율법의 아름다움을 노래하고, 20편과 21편은 성도와 왕을 향한 하나님의 축복과 보호를 구합니다. 22편은 예수님이 십자가에서 인용하신 탄원시입니다. "나의 하나님, 나의 하나님, 어찌하여 나를 버리셨나이까"(22:1; 마태복음 27:46)라는 외침은 결코 우연히 겹친 말씀이 아닙니다. 고난받는 의인을 통해 온 열방이 주의 구원을 볼 것이라고 미리 선포하신 것입니다(22:27-28). 23편은 목자이신 하나님을 신뢰하는 아름다운 노래이고, 24편은 온 세상 왕이신 하나님의 영광을 선포합니다.

묵상 노트

5일차

시편 25-30편

오디오 바이블

회개의 눈물에서 구원의 기쁨으로

시편 25-30편은 회개와 간구, 구원의 기쁨이 어우러진 노래들입니다. 이 시편들은 절망 속에서도 소망을 품게 하는 예배와 찬양의 힘을 보여 줍니다. 다윗은 자신의 죄와 허물을 고백하며 주의 긍휼을 구하고(25편), 대적의 공격과 환난 중에도 주께 피하며 도움을 구합니다. 다윗은 여호와를 자신의 구원으로 고백하며, 절망에서 구원받은 기쁨을 노래하고, 슬픔을 춤으로 바꿔 주신 하나님의 은혜를 감사로 고백합니다. 이 노래들은 우리 죄를 용서하시고 슬픔을 춤으로 바꿔 주신 구원의 은혜를 함께 찬양하게 합니다.

묵상 노트

6일차

시편 31-36편

오디오 바이블

하나님의 언약을 신뢰하며

시편 31-36편은 하나님의 인자와 공의를 깊이 신뢰하는 마음을 담고 있습니다. 다윗의 시들은 분노나 억울함을 털어놓는 데서 멈추지 않고, 언제나 하나님을 향한 찬양과 감사로 나아갑니다. 언약에 신실한 하나님의 사랑을 신뢰했기 때문입니다. 다윗은 확신합니다. 의인은 반드시 고난에서 건져지고, 주를 의지하는 자는 절대 안전하다고 믿습니다. 예수님 또한 고난 가운데서 이런 믿음으로 자신을 하나님께 맡기셨습니다. 죄인을 대속하려고 십자가에 못 박히셨지만, 그의 뼈는 하나도 꺾이지 않았고(34:20), 부활의 영광으로 다시 살아나셨습니다.

묵상 노트

소그룹

나눔

이번 한 주간 성경을 통독하면서, 기억에 남는 말씀을 나누어 봅시다.

적용

1. 시편 1-2편은 시편 전체의 서론으로, 복 있는 사람과 악인을 대조합니다. 내가 평소 생각하던 '복 있는 사람'과 '악인'의 모습은 무엇이며, 시편 1-2편이 말하는 것과는 어떻게 다른가요?

2. 예수님은 "나는 선한 목자라. 나는 내 양을 알고…나는 양을 위하여 목숨을 버리노라"(요한복음 10:14-15)라고 말씀하셨습니다. 선한 목자의 이런 사랑을 생각하면서 시편 23편을 다시 읽을 때, 어떤 부분이 새롭게 다가오나요?

3. 시편은 기쁨, 슬픔, 분노, 억울함 등 다양한 감정을 담고 있지만, 결국 탄식에서 찬양으로 나아갑니다. 찬양은 절망을 막는 최고의 방패입니다. 시편의 시인들처럼 하나님께 마음을 열고 찬양으로 나아가기 위해, 내가 지금 실천할 수 있는 구체적인 작은 습관은 무엇인가요?

기도

서로의 기도 제목을 나누며 함께 기도합니다.

PSALM 2

시편 2

QR 코드를 찍으면 '시편 2' 리딩지저스 영상으로 바로 연결됩니다

시편 2

시편의 시들은 내용과 분위기, 구조와 표현에 따라 크게 세 가지 유형으로 구분할 수 있습니다.

먼저, 절반 가까이는 탄식시입니다. 고난과 혼란 속에서 하나님께 부르짖는 기도입니다. 탄식시가 다른 유형의 시보다 많은 것은 타락한 세상에서 살아가는 현실이 절대 만만치 않기 때문입니다. 또 다른 대표적 유형은 인정시입니다. 고난 중에 기도를 드리고 응답받은 이들의 시입니다. 이들은 구원의 감격을 공동체와 함께 선포하며 하나님께 감사와 찬양을 드립니다. 마지막으로, 하나님의 성품과 신실한 언약을 묵상하며 드리는 묘사적 찬양시가 있습니다.

세 가지 유형의 시는 우리가 경험하는 정상(orientation)-비정상(disorientation)-재조정(re-orientation)의 흐름을 반영합니다. 묘사적 찬양시는 모든 일이 평안하게 흘러가는 '정상' 시기를 보여 주고, 탄식시는 환난 중에 방향을 상실한 '비정상'적 현실과 그래도 끝이 아니라는 소망을 드러내고, 인정시는 하나님이 회복하시는 '재조정'을 생생하게 전합니다.

이번 주는 시편 37-72편을 통독하며, 탄식시, 인정시, 묘사적 찬양시의 특징이 무엇인지 리딩지저스 영상을 통해 살펴보겠습니다. 개인의 탄식이 공동체의 예배로 바뀌는 시, 고난 중에도 의와 평강으로 다스릴 참된 왕을 소망하는 시를 묵상하면서, 장차 오셔서 만물을 온전히 회복하실 예수님을 바라보는 시간이 되기를 바랍니다.

이번 주 성경읽기

1일차 시편 37-42편

2일차 시편 43-48편

3일차 시편 49-54편

4일차 시편 55-60편

5일차 시편 61-66편

6일차 시편 67-72편

1일차

시편 37-42편

오디오 바이블

하나님을 갈망하는 영혼

시편 37편은 히브리어 알파벳(א부터 ת까지)을 순서대로 각 연의 첫 글자로 사용한 '두문자'(acrostic) 시편입니다. 시인은 이런 문학적 기법에 운율을 더해서, 신자가 마음에 새겨야 할 지혜를 잘 기억할 수 있도록 노래합니다. 38편에서 다윗은 자신의 죄를 자백하며 주의 구원과 도움을 구하고, 39편에서는 인생이 잠깐뿐임을 깨닫고 죄로 인한 징계 중에도 긍휼을 구합니다. 시편 40편에서는 과거의 구원을 기억하며 감사하고, 41편에서는 이스라엘의 하나님을 찬양하는 송영으로 시편 1권을 마무리합니다. 42편은 2권을 여는 시로, 사슴이 시냇물을 찾듯 하나님을 갈망하며, 오직 하나님께만 소망을 두라고 자기 영혼에게 명령합니다.

묵상 노트

2일차

시편 43-48편

오디오 바이블

은혜를 입은 자들의 찬양

많은 구약학자가 42편과 43편을 하나의 시로 봐야 한다고 주장합니다. 42편 11절이 43편 5절에 반복되며, 두 편이 동일하게 자기 영혼에게 복음을 선포하며 시를 마무리하기 때문입니다. 그리고 42편부터 49편까지는 "고라 자손의 시"라는 표제가 붙어 있습니다. 고라는 출애굽 당시 모세의 권위를 인정하지 않고 반역했다가 산채로 땅에 삼켜졌지만(민수기 16장), 하나님은 은혜를 베풀어 그의 자손들을 남겨 두셨습니다. 다윗 시대에 이르러 하나님은 성전에서 하나님을 찬송하는 거룩한 직분을 그들에게 맡기십니다(역대상 6장). 하나님의 은혜를 경험한 고라 자손들은 이제 사람들을 찬양으로 인도하는 자리에 서게 됩니다.

묵상 노트

3일차

시편 49-54편

오디오 바이블

다윗의 회개와 하나님의 구원

시편 49-54편은 불의와 고난이 가득한 현실 속에서도 하나님만이 참된 구원이며 소망임을 고백합니다. 49편은 부와 재물이 죽음을 이길 수 없다고 경고하며, 구원은 오직 하나님께만 있다고 선포합니다. 50편은 온 땅의 주인이신 하나님이 제물을 원하지 않고 감사와 순종을 기뻐하신다고 말씀합니다. 51편은 다윗이 밧세바 사건 이후 깊이 회개하며 죄를 씻어 달라고 간구하는 시입니다. 악인의 거짓과 교만은 결국 무너지고, 하나님을 부인하는 자들의 어리석음과 부패함도 끝내 사라질 것입니다. 하지만 하나님의 백성은 다릅니다. 대적의 공격 속에서도 주님의 인자하심을 의지하며, 구원과 도움을 베풀어 주실 그분께 감사와 찬송을 드리기로 결심합니다.

묵상 노트

4일차

시편 55-60편

오디오 바이블

승리는 오직 하나님의 도움에서

시편 55-60편은 배신과 공격, 전쟁과 억울함 속에서도 하나님만을 의지하는 다윗의 고백을 담고 있습니다. 다윗은 친구의 배신과 악인의 압박, 원수의 추격 가운데 하나님의 구원을 요청하고, 두려움 대신 하나님의 말씀을 붙들고 그분의 인자하심을 찬양합니다. 불의한 재판관들과 악인의 계략은 결국 하나님의 심판 아래 무너질 것이며, 그분은 의인을 옳다고 하실 것입니다. 전쟁 가운데 있지만, 승리는 오직 하나님의 도움에서 나온다고 선포합니다. 비록 오늘 우리 상황이 다윗과는 다를지라도, 그의 노래는 우리가 겪는 모든 역경과 어려움에도 적용됩니다. 그래서 이 시들은 오늘 우리의 노래가 될 수 있습니다.

묵상 노트

5일차

시편 61-66편

오디오 바이블

간절한 기도에서 열방의 찬양으로

시편 61-66편은 고난 속에서 하나님을 향해 드리는 간절한 기도와 확신에 찬 찬양을 담고 있습니다. 표제에 구체적인 상황은 없지만, 시인들은 절박하게 부르짖으며 하나님에게 고백합니다. 하나님만이 피난처이자 반석이요, 찬양받으실 분이자 기도를 들으시는 분이라고 높입니다. 65편은 은혜로 온 땅을 풍성하게 하시는 하나님을 찬양하고, 66편은 온 땅과 만민에게 하나님을 함께 경배하자고 초대합니다. 이 시편들은 하나님이 지금도 우리 기도를 들으시고, 구원과 소망이 되시며, 감사와 예배를 받으실 분이라고 선포합니다. 오늘 우리도 믿음으로 같은 기도와 고백을 드리며 하늘의 찬양에 동참하며 목소리를 더합니다.

묵상 노트

6일차

시편 67-72편

오디오 바이블

이스라엘에서 열방으로, 탄식에서 소망으로

2권의 마지막 부분인 67-72편은 이스라엘을 넘어 모든 열방을 찬양으로 초대합니다. 67편은 하나님의 얼굴빛이 온 땅에 비춰서 모든 민족이 주를 알게 해 달라고 기도합니다. 68-70편은 대적을 물리치고 백성을 인도하시는 하나님의 승리를 노래하며, 고난 가운데 구원을 간구합니다. 마지막 72편은 솔로몬의 시로, 다윗의 언약이 아들한테 전해지고 있음을 보여 줍니다. 그리고 장차 오실 의로운 왕을 향한 찬란한 소망을 선포합니다. 시편 2권은 이렇게 42-43편의 깊은 탄식에서 시작해서, 72편의 공의로운 왕의 통치와 열방의 경배라는 소망으로 마무리됩니다. 모든 민족이 왕이신 예수님을 찬양하는 그날을 소망하며, 우리도 시편의 기도와 찬양에 동참합니다.

묵상 노트

소그룹

나눔

이번 한 주간 성경을 통독하면서, 기억에 남는 말씀을 나누어 봅시다.

적용

1. 다윗을 비롯한 시편의 시인들은 수많은 고난 속에서 하나님께 부르짖으며 탄식합니다. 혹시 하나님 앞에서 슬픈 마음을 털어놓고 탄식하는 걸 주저하거나 어려워한 적 있나요? 그 이유는 무엇인가요?

2. 시편 42-43편의 시인은 극심한 낙심과 불안 가운데서 하나님을 향한 영혼의 갈급함을 고백합니다. 내 영혼이 갈급하다고 느낀 적이 있나요? 예수님께 나아가 영혼의 갈증이 채워진 경험이 있다면 함께 나눠 봅시다.

3. 시편은 개인의 간증을 넘어, 하나님이 행하신 구원의 역사를 공동체가 함께 기억하며 찬양하도록 이끕니다. 공동체가 함께 드리는 예배와 찬양에 어떤 마음으로 참여하고 있나요?

기도

서로의 기도 제목을 나누며 함께 기도합니다.

PSALMS 3

시편 3

QR 코드를 찍으면 '시편 3' 리딩지저스 영상으로 바로 연결됩니다

시편 3

이스라엘 역사에서 가장 절망적인 순간은 예루살렘 성전이 무너지고 언약 백성이 포로로 끌려갔던 때입니다. 시편 73-89편은 바로 이때, 바벨론 포로기 전후를 배경으로 합니다. 그들은 "하나님이 다윗과 세운 언약은 이제 끝난 것인가?"라는 질문을 던집니다. 하지만 깊은 탄식 속에서도 구원과 회복을 불러올 유일한 소망은 하나님뿐이라고 고백합니다.

하나님과의 언약이 끝난 것인가라는 질문에 90편 이후 시들은 믿음의 답을 보여줍니다. 시인들은 눈앞이 캄캄한 때를 지나면서도 영원하신 하나님의 왕권과 통치를 바라봅니다. 그분의 구원 역사를 되새기고 감사와 찬양을 올립니다. 약속은 성취될 기미가 보이지 않지만, 약속하신 그분을 바라보며 믿음으로 살아갑니다. 눈에 보이는 현실이 아니라 하나님의 약속에 의지해 살아가자고 초대합니다.

이번 주 리딩지저스 영상에서는 시편의 구조와 함께 시편 1-2편, 그리고 1권과 2권의 주제를 살펴봅니다. 의인과 악인의 대조, 하나님의 통치, 종말론적 소망은 시편 전체를 관통하며, 이번 주 우리가 읽는 시편 73-109편에도 이어집니다. 탄식이 찬양으로 변하는 여정을 묵상하며, 영원히 다스리시는 왕을 노래합시다.

이번 주 성경읽기

1일차 시편 73-78편

2일차 시편 79-84편

3일차 시편 85-90편

4일차 시편 91-96편

5일차 시편 97-102편

6일차 시편 103-109편

시편 73-78편

오디오 바이블

성소에서 참된 복을 깨닫다

시편 73-78편은 다윗 시대에 성전 찬양대를 섬겼던 아삽의 시입니다. 3권의 첫 시편인 73편에서 아삽은 악인의 형통함을 보며 실족할 뻔했지만, 성소에 들어갈 때 그들의 종말을 깨닫고는 하나님을 가까이하는 것이 참된 복이라고 고백합니다. 74편은 바벨론이 무너뜨린 예루살렘 성전을 바라보며 하나님의 도움과 공의로운 심판을 구합니다. 시인은 언약에 의지해 백성들을 수치와 절망에서 건져 달라고 기도하며, 고난 속에 있으면서도 구원하실 하나님을 의지합니다. 이후 시들도 불의한 현실 속에서 하나님의 심판과 구원을 바라보게 하며, 하나님의 신실하심을 다음 세대에 전하도록 초대합니다.

묵상 노트

2일차

시편 79-84편

오디오 바이블

눈물의 골짜기에서 주의 임재를 바라며

79-84편은 아삽과 고라 자손의 시로, 고난 속에서 하나님의 긍휼과 회복을 구하는 기도가 이어집니다. 79편에서 아삽은 이스라엘을 "주의 목장의 양"이라고 고백하고, 80편에서는 하나님을 "이스라엘의 목자"라고 부르며 언약 관계에 호소합니다. 그는 주님 이름의 영광을 위해 백성을 회복시켜 달라고 기도합니다. 마지막 84편에서 시인은 고백합니다. 악인의 형통은 잠깐이기 때문에 악인의 장막에서 잘 먹고 잘살기보다 하나님의 성전에서 보내는 하루가 더 귀하다고 하면서, 하나님의 집을 사모하는 마음을 노래합니다. 이 시들은 고난과 위기 속에서도 하나님의 개입과 공의로운 심판을 갈망하게 하고, 그분의 임재를 사모하며 살아가도록 우리를 이끕니다.

묵상 노트

3일차

시편 85-90편

오디오 바이블

절망의 밑바닥에서, 다시 하나님의 통치로

85편은 고라 자손의 시로, 하나님의 자비와 인자하심을 인정하며 주의 성품에 의지해 이스라엘 백성을 구원해 달라고 구합니다. 이어지는 시들도 다양한 상황 속에서 하나님의 도움을 구하며 탄식과 청원의 노래를 부릅니다. 그러다가 절망의 밑바닥까지 내려간 88편이 나옵니다. 탄식에서 찬양으로 나아가지 않는 특별한 탄식시입니다. 89편으로 3권이 끝나고, 모세가 지은 유일한 시편인 90편으로 4권이 시작됩니다. 모세는 영원하신 하나님과 덧없는 인생을 대조하며 기도합니다. 날 수를 세어 지혜를 얻게 하시고, 주의 인자하심으로 만족하게 해 달라고 구합니다. 이 시를 기점으로 시편 전체가 완전히 바뀝니다. 탄식시 중심에서 찬양시 중심으로 분위기가 반전되고, 시선이 인간 왕에서 영원한 하나님의 통치로 옮겨 갑니다.

묵상 노트

시편 91-96편

오디오 바이블

왕이신 하나님을 예배하라

91-96편은 하나님을 왕으로 모시는 백성이 누리는 안전과 기쁨을 노래합니다. 시인은 찬양 인도자로서 "기뻐하라", "노래하라", "찬송하라" 같은 명령어를 사용해 회중을 예배로 이끌고, 하나님의 공의와 백성을 향한 그분의 인자와 성실을 찬양합니다. 또한 하나님을 능력과 거룩함으로 세상을 세우신 왕으로 선포하고, 그분이 의인을 지키신다고 확신합니다. 시인은 창조주이자 구원자이신 하나님께 경배로 나아가되, 광야에서 반역한 조상들의 길을 경계하라고 권합니다. 96편은 새 노래로 여호와를 찬양하며, 온 땅이 그분의 영광을 선포한다고 노래합니다. 하나님은 자신의 백성을 구원하려고 예수님을 보내셨고, 그 안에서 우리는 영과 진리로 하나님을 예배하며 새 노래를 부를 수 있습니다.

묵상 노트

5일차

시편 97-102편

오디오 바이블

열방의 왕, 시온의 소망

97-102편은 온 땅과 열방을 다스리시는 하나님의 왕권과, 고난 중에 드리는 기도를 함께 담고 있습니다. 시인은 하나님이 모든 우상보다 높으시고, 백성을 직접 구원하시고, 공의로 세상을 심판하신다고 노래합니다. 또한, 구원의 하나님을 새 노래로 찬양하라고 온 땅과 만물을 초대합니다. 그런데 102편에 이르면 분위기가 바뀝니다. 고난을 겪고 있는 시인이 왕 앞에서 억울함을 호소하는 백성처럼 시온의 회복을 간구합니다. 영원하신 하나님께 소망을 두고, 고통 속에서도 그분의 통치를 신뢰합니다. 이 시들은 우리가 기쁠 때나 힘들 때나 모든 이름 위에 높임을 받으시고 만왕의 왕이 되시는 예수님, 그분을 신뢰하고 그분의 왕권을 인정하고 찬양하도록 우리를 이끕니다.

묵상 노트

6일차

시편 103-109편

오디오 바이블

온 마음 다해 송축하라

시편 후반부로 가면서 시인은 왕이신 하나님을 찬양하라고 거듭 선포합니다. 자신의 영혼을 향해, 천군천사를 향해, 주의 백성을 향해 여호와 하나님께 감사하고 송축하라고 외칩니다. 히브리어를 그대로 음역한 "할렐루야"는 '여호와를 찬양하라!'라는 뜻으로, 회중이 함께 찬양에 동참하도록 촉구합니다. 찬양의 주제는 하나님의 자비로운 성품과 긍휼하심부터 천지만물을 주관하시는 섭리와 질서까지 광범위합니다. 4권의 마지막 시인 106편은, 이스라엘을 애굽에서 인도하신 하나님의 은혜에 감사하며 "할렐루야"로 마무리합니다. 이어지는 5권(107편)부터는 불의가 가득한 세상에서 장차 다윗의 후손으로 오실 메시아 왕을 기다리며 노래합니다.

묵상 노트

소그룹

나눔

이번 한 주간 성경을 통독하면서, 기억에 남는 말씀을 나누어 봅시다.

적용

1. 시편 73편에서 시인은 악인의 형통을 보며 낙심했지만, 성소에서 하나님의 공의와 뜻을 깨닫습니다. 오늘 나를 낙심하게 하는 것은 무엇이며, 그에 대한 답을 나는 어디에서 찾고 있나요?

2. 시편의 시인들은 하나님을 멀리 있는 존재가 아니라 우리의 세밀한 기도까지 들으시는 가까이 계시는 분으로 믿었습니다. 예수님 안에서 이 진리는 더욱 분명해져서, 신약성경은 그분이 직접 하나님 우편에서 우리를 위해 간구하신다고 말합니다(로마서 8:34). 이 사실을 믿을 때 내 기도 생활에 어떤 확신과 위로가 생기나요?

3. 시편 90편 이후부터는 탄식시가 줄고, 기쁨과 감사로 예배드리자며 공동체를 초대하는 시가 많아집니다. 이런 변화는 하나님의 영원한 통치와 구원의 은혜를 기억하는 데서 출발합니다. 어려움과 탄식 속에서도 어떻게 하면 하나님의 영원한 통치와 구원의 은혜를 붙잡고 계속 그분을 찬양하며 기뻐할 수 있을까요?

기도

서로의 기도 제목을 나누며 함께 기도합니다.

PSALMS 4

시편 4

QR 코드를 찍으면 '시편 4' 리딩지저스 영상으로 바로 연결됩니다

시편 4

시편은 구약성경의 다른 모든 책처럼 예수님을 보여 줍니다. 부활하신 예수님은 "모세의 율법과 선지자의 글과 시편에 나를 가리켜 기록된 모든 것이 이루어져야 하리라"(누가복음 24:44)라고 말씀하셨고, 또한 다윗이 시편 110편에서 미래의 후손을 향해 "내 주"라고 하는데, 그가 바로 자신이라고 밝히셨습니다.

예수님은 시편의 시들을 친히 부르신 대표 시인이시며, 완전한 의를 지닌 최고 시인이십니다. 예수님은 시편의 시인들이 경험한 고통, 억울함, 감사, 기쁨을 친히 겪으셨습니다. 하나님에게 버림받은 듯한 절망도, 원수의 공격을 받으며 터져 나오는 탄식도 예수님은 잘 알고 계십니다. 그래서 우리는 시편을 읽으며 자신의 경험과 감정을 발견할 때, 그 고통과 난관이 무엇이든 예수님께 가지고 갈 수 있습니다.

이번 주는 시편 110-150편을 읽습니다. 이 시편들은 하나님의 통치와 구원의 완성을 노래합니다. 시인이 장차 오실 의로운 왕을 기다렸듯이, 우리도 어린양 예수님이 다시 오실 그날을 고대합니다. 그날에는 하늘과 땅과 모든 피조물이 보좌 앞에 모여 "할렐루야"를 외치며 새 노래를 부를 것입니다(요한계시록 5:9-13). 시편은 우리로 하여금 장엄한 그날을 미리 바라보게 하고, 오늘 우리 입술과 마음으로 그 찬양에 동참하게 만듭니다.

이번 주 성경읽기

1일차 시편 110-115편

2일차 시편 116-120편

3일차 시편 121-125편

4일차 시편 126-130편

5일차 시편 131-140편

6일차 시편 141-150편

1일차

시편 110-115편

오디오 바이블

다윗의 자손, 만왕의 왕

다윗은 성령 충만한 가운데 시편 110편에서 메시아의 모습을 노래합니다(1절). 예수님도 이 시를 인용해서 그리스도는 다윗의 자손일 뿐 아니라 영원 전부터 계셨던 하나님이라고 선포했습니다(마태복음 22:43-44). 이처럼 시편 5권의 시들은 다윗의 자손으로 오실 메시아를 통한 왕국의 회복을 소망합니다. 그 왕은 언약 백성을 지키고, 진실과 정의로 온 땅을 다스릴 것입니다. 오늘 우리는 시편의 시들을 노래할 때 예수님을 찬양하며, 그분이 다시 오셔서 하나님 나라를 완성하실 날을 소망할 수 있습니다.

묵상 노트

2일차

시편 116-120편

오디오 바이블

율법을 사랑하는 자의 길

시편 118편과 119편은 짝을 이루며 시편 5권의 중심을 차지합니다. 118편은 장차 오실 메시아의 모습을 노래하고, 119편은 새로워진 신자가 믿음과 순종으로 살아가는 복된 삶을 노래합니다. 119편은 시편 37편처럼 히브리어 알파벳을 각 행의 첫 글자로 사용한 '두문자'(acrostic) 시편입니다. 특히 율법이라는 단어를 105회 이상 언급하는데, 하나님의 율법을 사랑하고 지키는 것이 얼마나 귀하고 아름다운 일인지를 노래합니다. 하나님의 율법은 죄를 드러내지만, 성령으로 새로워진 신자에게는 영혼의 양식과 삶의 규범이 됩니다. 그래서 우리는 말씀 그 자체인 예수 그리스도와 연합하여 믿음으로 참된 순종의 삶을 누릴 수 있습니다.

묵상 노트

3일차

시편 121-125편

오디오 바이블

순례자의 노래, 참된 평강

시편 120-134편은 "성전에 올라가는 노래"로, 절기와 제사를 위해 예루살렘 성전으로 올라가는 순례자들이 부른 노래입니다. 이 시들은 하나님의 도움을 구하며, 그분이 주시는 평강을 아름답게 노래합니다. 우리에게 가장 잘 알려진 시는 121편이지만, 다른 시들도 아름다운 고백으로 가득합니다. 예수님도 예루살렘에 올라가셨고, 자기 육체를 성전이라고 하시며 3일 만에 다시 일으키겠다고 말씀하셨습니다. 예수님은 고난을 당해 죽으시고 부활하심으로 성령 안에서 우리를 하나님의 성전으로 삼아 주셨습니다. 이제 믿음으로 예수님과 연합한 신자들은 참 성전이신 그분 안에서 평강을 누리며 예배하는 순례자로 살아갑니다.

묵상 노트

4일차

시편 126-130편

오디오 바이블

눈물의 순례, 소망의 노래

시편 126-130편도 "성전에 올라가는 노래"이지만, 앞선 시들과는 다른 감정과 상황을 담고 있습니다. 포로 생활에서 해방된 기쁨(126편), 가정의 복과 평안(127-128편), 악인에 대한 하나님의 심판(129편), 죄 용서를 구하는 탄원과 구원의 소망(130편) 등을 노래합니다. 예배를 드리러 성전에 올라간다는 거룩한 목적이 있지만, 가는 도중에 여러 어려움을 만나는 시인들의 모습은 오늘날 우리 모습과 같습니다. 하지만 어떤 상황 속에서도 언제나 은혜로 인도하시는 하나님을 찬양하는 시인처럼, 우리도 믿음으로 하나님의 변하지 않는 사랑을 노래할 수 있습니다.

묵상 노트

5일차

시편 131-140편

오디오 바이블

성전을 그리워하는 자의 고백

"성전에 올라가는 노래"는 134편까지 이어집니다. 시인은 믿음 안에서 누리는 참된 만족을 선포하고, 회중들에게 여호와 하나님 안에서 소망을 품으라고 합니다(131편). 이어지는 시들도 언약의 하나님께 감사와 찬송을 드리자고 촉구합니다. 그런데 유독 137편만은 다른 노래를 들려줍니다. 바벨론 포로기의 아픔 속에서 성전을 그리워하는 눈물의 노래입니다. 시인은 성전에 가서 하나님께 예배드리고 싶지만 그럴 수 없는 상황입니다. 바벨론 사람들은 이스라엘 포로를 조롱하며 시온의 노래를 불러 보라고 하지만, 시인은 그들의 요구를 거부합니다. 대신 하나님께 간구하며 구원의 날을 간절히 기다립니다.

묵상 노트

6일차

시편 141-150편

오디오 바이블

호흡 있는 자마다 찬양하라

이제 4주간의 시편 통독을 마무리합니다. 시인들은 저마다 하나님께 탄원과 간구와 찬양을 드리지만, 하나님이 우리 찬양을 받기에 합당하신 분이라는 사실을 끝까지 잊지 않고 붙듭니다. 다양한 모습으로 하나님을 찬양했던 시편 5권은 마지막 146-150편에 이르러서는 모두 "할렐루야"(여호와를 찬양하라)를 외치며 회중들을 찬양의 자리로 초대합니다. 시편은 하나님 말씀을 밤낮 묵상하는 사람이 정말 복된 사람이라는 노래로 시작해서, 호흡이 있는 모든 사람은 하나님을 찬양하라는 감격 어린 고백으로 끝이 납니다. 이제 그리스도 안에서 성령으로 거듭난 우리는 시와 찬송과 신령한 노래들로 서로 화답하며, 마음으로 주께 찬양을 올립니다(에베소서 5:19).

묵상 노트

소그룹

나눔

이번 한 주간 성경을 통독하면서, 기억에 남는 말씀을 나누어 봅시다.

적용

1. 시편 119편은 하나님 말씀을 향한 사랑과 묵상의 기쁨을 노래합니다. 성경 말씀을 가까이하고 꾸준히 읽어 가는 이 통독 훈련이 내 삶과 일상에 어떤 변화를 주고 있나요?

2. 시편을 읽으면서 내 기도에 시편 구절을 넣거나 시편 말씀에 내 기도를 실어 본 적이 있나요? 시편을 통해 하나님에 대한 새로운 지식이나 삶에 대한 새로운 지혜를 얻는 것이 있다면 무엇인가요?

3. 시편의 마지막은 강력한 외침으로 끝납니다. "호흡이 있는 자마다 여호와를 찬양할지어다 할렐루야"(150:6). 장차 모든 피조물이 어린양의 보좌 앞에서 경배하는 그날을 그려 보고, 오늘 나의 예배와 찬양이 어떻게 달라져야 할지를 생각해 봅시다.

기도

서로의 기도 제목을 나누며 함께 기도합니다.

PROVERBS

잠언

QR 코드를 찍으면 '잠언' 리딩지저스 영상으로 바로 연결됩니다

잠언

잠언은 하나님의 언약 백성이 어떻게 살아야 하는지를 가르치는 지혜서입니다. 모세오경과 선지서가 하나님의 언약과 예언을 선포한다면, 잠언은 경건한 사람들이 하나님의 창조 질서 안에서 발견한 지혜와 삶의 원리를 담고 있습니다. 그러므로 잠언을 읽을 때는 이 기록이 일반적인 삶의 법칙이라는 점을 기억해야 합니다.

잠언은 크게 두 부분으로 나뉩니다. 1-9장은 아버지가 아들에게 권하는 내용으로, 지혜를 사랑하고 악에서 떠나라는 교훈입니다. 10-31장은 개별적인 지혜들로, 다양한 상황에 지혜를 적용한 예와 그 결과를 보여 줍니다.

책의 첫머리(1:1)에서 "다윗의 아들 이스라엘 왕 솔로몬의 잠언"이라고 지혜의 출처를 소개하는데, 이는 잠언의 말씀이 하나님과의 언약 관계 안에 있음을 보여 줍니다. 그래서 지식의 근본은 "여호와를 경외하는 것"이라고 선언합니다(1:7). 여호와를 경외한다는 것은 단순히 두려워하는 것이 아닙니다. 하나님을 사랑하고 신뢰하며 그분의 말씀을 삶의 기준으로 삼는 것입니다. 참된 지혜는 하나님을 경외하는 데서 시작하며, 그 뜻을 따르고 순종하는 데서 더욱 풍성해집니다.

신약성경에서는 그 지혜가 예수님 안에서 완전히 드러났다고 선포합니다. 예수님은 하나님의 지혜와 능력(고린도전서 1:24)이며, 잠언이 가리키는 완전한 의와 지혜의 본체입니다. 한 주간 잠언을 읽으며, 하나님을 경외하는 마음으로 참 지혜이신 예수님과 동행하는 시간이 되기를 바랍니다.

이번 주 성경읽기

1일차 잠언 1-5장

2일차 잠언 6-10장

3일차 잠언 11-15장

4일차 잠언 16-20장

5일차 잠언 21-25장

6일차 잠언 26-31장

1일차

잠언 1-5장

오디오 바이블

여호와 경외, 지식의 근본

잠언은 "다윗의 아들 이스라엘 왕 솔로몬의 잠언이라"(1:1)로 시작하며, 7절까지 잠언의 목적과 핵심을 제시합니다. 이 지혜는 저절로 생기지 않고, 말씀에 귀 기울이고 훈계를 받아야 얻을 수 있습니다. "여호와를 경외하는 것이 지식의 근본"(1:7)이라는 말씀은 잠언 전체를 여는 관문이자 마지막(31:30)까지 이어지는 핵심 주제입니다. 지혜는 우리에게 생명과 안전을 주지만, 악과 음란은 우리를 파멸로 이끕니다. 이 지혜는 삶에서 행동으로 드러나는 태도와 선택으로 이어집니다. 여호와를 경외하는 사람은 항상 하나님을 의식하고, 그분 뜻에 순종하기를 간절히 원하기 때문입니다.

묵상 노트

2일차

잠언 6-10장

오디오 바이블

생명의 길과 멸망의 길

잠언 6-10장은 지혜로운 길과 어리석은 길을 대비하며, 두 여인의 목소리를 들려줍니다. 하나는 음녀가 부르는 유혹의 소리이고, 다른 하나는 지혜가 부르는 생명의 소리입니다. "지혜"는 히브리어로 여성형 명사이기 때문에, 음녀와 대조되는 지혜의 여인으로 의인화하여 표현됩니다. 지혜를 사랑하고 하나님 말씀을 마음에 새기는 것이 생명의 길이며, 곧 음녀의 유혹을 피하는 길입니다. 여호와를 경외하는 것이 지혜의 근본임을 다시 강조하며, 의인의 말과 행실은 생명과 기쁨을 주지만, 악인의 길은 결국 재앙과 멸망으로 끝난다고 가르칩니다.

묵상 노트

3일차

잠언 11-15장

오디오 바이블

의인의 말, 생명을 살리다

잠언 11-15장은 의인과 악인의 길을 계속 대비하며, 지혜가 어떻게 개인의 삶과 공동체를 세우는지 보여 줍니다. 정직과 의로움은 생명과 평안을 가져오지만, 거짓과 악은 결국 스스로를 무너뜨립니다. 근면과 성실은 풍요를 가져오고, 게으름과 교만은 가난과 수치를 낳습니다. 의인의 말은 생명을 살리고 공동체를 세우지만, 악인의 말은 분열과 상처를 남깁니다. 부드러운 대답은 분노를 가라앉히고, 거친 말은 다툼을 일으킵니다. 잠언은 이런 교훈을 단순한 삶의 기술로 제시하는 게 아니라, 영원의 관점에서 참된 지혜로 보게 합니다. "재물은 진노하시는 날에 무익하나 공의는 죽음에서 건지느니라"(11:4)라고 명확하게 가르치며 보이지 않는 것을 믿음으로 보게 합니다.

묵상 노트

4일차

잠언 16-20장

오디오 바이블

사람의 계획과 하나님의 주권

잠언 16-20장은 사람의 계획과 길을 만드시는 하나님의 주권을 가르칩니다. 사람이 마음으로 계획해도 그 길을 인도하시는 분은 여호와이십니다. 하나님은 악인도 악한 날에 사용하시고, 겸손은 존귀로, 교만은 패망으로 이끄십니다. 거짓 저울과 불의한 길은 여호와가 미워하시지만, 정직하고 의로운 자들은 여호와의 기뻐하심을 받습니다. 분노를 더디 하며 마음을 다스리는 자가 참된 승리자이며, 다투고 술취하는 자는 멸망의 길에 빠지게 됩니다. 게으름은 가난을 부르지만, 부지런함은 풍요를 이끕니다. 하나님의 주권 아래 겸손히 걸어갈 때, 우리 삶은 의와 평강으로 채워집니다. 참 지혜이신 예수님을 따르는 것이 바로 그 길의 완성입니다.

묵상 노트

5일차

잠언 21-25장

오디오 바이블

우리 마음을 꿰뚫어 보시는 분

잠언 21-25장은 의와 공의를 삶의 중심에 두고, 하나님을 경외하는 것이 참된 지혜임을 가르칩니다. 사람은 스스로 옳다고 여길 수 있지만, 그 마음을 꿰뚫어 보시고 판단하시는 분은 여호와이십니다(21:2). 하나님은 의와 공의를 제사보다 기뻐하십니다. 지혜로운 사람은 악을 미워하고 선을 기뻐하며, 원수에게조차 선한 것으로 갚습니다. 잠언의 말씀들은 율법처럼 우리 마음을 정확히 달아서 우리의 부족함을 드러냅니다. "마음을 감찰한다"의 히브리어 본래 뜻은 무게를 달아 검증한다는 것입니다. 말씀의 정교한 저울 앞에서 우리 죄와 교만과 연약함이 드러날 때, 우리는 하나님의 지혜이시며 우리를 대신해 지혜의 삶을 완벽하게 살아 내신 예수님을 바라봐야 합니다.

묵상 노트

잠언 26-31장

오디오 바이블

지혜의 삶, 하나님을 경외함으로

잠언 26-31장은 다양한 삶의 현장에 적용되는 하나님의 지혜를 담고 있습니다. 어리석음, 게으름, 다툼을 경계하고 겸손, 성실, 정직을 권합니다. 공의로운 지도자의 중요성과 지혜로운 훈육의 필요성을 강조하고, 그 가운데 순전한 하나님의 말씀을 기준으로 삼으라고 가르칩니다. 르무엘 왕의 어머니가 남긴 교훈과 현숙한 여인의 찬가가 마지막으로 이어집니다. 술과 방탕을 멀리하고, 힘없는 자를 위해 정의를 세우며, 부지런히 가정을 돌보고 하나님을 경외하는 삶이 얼마나 귀한지를 강조합니다. 잠언의 결론은 "여호와를 경외하는 것이 지혜의 근본"이라는 주제로 돌아옵니다. 지혜는 무언가를 얻기 위해 사용하는 더 나은 방법이 아니라, 왕이신 예수님의 통치 아래서 하나님을 경외하며 사는 것입니다. 그것이 바로 참된 지혜의 삶입니다.

묵상 노트

소그룹

나눔

이번 한 주간 성경을 통독하면서, 기억에 남는 말씀을 나누어 봅시다.

적용

1. 잠언은 지혜의 근본이 "여호와를 경외하는 것"(1:7; 9:10)이라고 합니다. 또한 그 지혜가 하나님과의 관계뿐 아니라 부부, 자녀, 부모, 이웃, 사회 등 모든 관계 속에서 드러나야 한다고 가르칩니다. 내가 맺고 있는 여러 관계들 가운데 가장 약한 관계는 무엇입니까?

2. 이번 주에 잠언 한 구절을 내 상황에 맞게 적용해서 실천하는 계획을 세운다면, 어떤 말씀을 어떻게 적용하겠습니까?

3. 예수님은 하나님의 지혜(고린도전서 1:24, 30)이시고, 예수님 안에 하나님의 모든 지혜가 숨겨져 있습니다(골로새서 2:3). 예수님을 바라보는 것과 여호와를 경외하는 삶이 어떻게 연결될 수 있을까요? 전자가 후자를 어떻게 가능하게 만들까요? 그리고 잠언 말씀대로 살지 못했을 때, 나는 어떻게 예수님께로 돌이켜 도움을 구할 수 있을까요?

기도

서로의 기도 제목을 나누며 함께 기도합니다.

ECCLESIASTES
THE SONG OF SOLOMON

전도서
아가

QR 코드를 찍으면 '전도서, 아가' 리딩지저스 영상으로 바로 연결됩니다

전도서, 아가

전도서는 인생의 허무와 그 안에 담긴 하나님의 뜻을 바라보게 합니다. "헛되고 헛되니 모든 것이 헛되도다"(1:2)라는 선언은 해 아래 사는 인생의 한계를 말하지만, 전도자는 여기서 멈추지 않습니다. 하나님이 주시는 일상의 즐거움과 기쁨을 선물로 받으라고 권합니다.

전도서의 결론은 분명합니다. "하나님을 경외하고 그의 명령을 지킬지어다"(12:13). 참된 지혜는 하나님을 경외하며, 하늘의 영광을 바라보는 삶입니다. 예수 그리스도 안에서 우리는 이 땅의 허무를 넘어, 이미 시작된 하나님 나라의 기쁨을 맛보며 살아갑니다.

아가서는 한 남자와 한 여자의 뜨겁고 순결한 사랑을 노래합니다. 결혼 언약 안의 사랑과 헌신이 얼마나 귀한지 보여 주며, 사랑의 기쁨과 기다림, 서로를 향한 전인격적 헌신을 찬미합니다.

하지만 그 사랑은 단지 인간의 사랑에 머물지 않고, 신랑 되신 예수님과 신부 된 교회의 사랑을 드러냅니다. 우리는 종종 사랑에 실패하지만, 예수님은 값없는 신부를 위해 자신을 내어주셨고, 십자가와 부활로 완전한 사랑을 완성하셨습니다. 그분 안에서 우리는 혼인 잔치를 기다리는 신부로 살아갑니다.

이번 주에는 전도서와 아가서를 읽으면서, 인생의 허무 속에서 참된 기쁨을 찾고, 불완전한 사랑에 둘러싸여 있지만 완전한 사랑을 주시는 분을 바라보는 시간이 되기를 바랍니다.

이번 주 성경읽기

1일차 전도서 1-3장

2일차 전도서 4-6장

3일차 전도서 7-9장

4일차 전도서 10-12장

5일차 아가 1-4장

6일차 아가 5-8장

1일차

전도서 1-3장

오디오 바이블

바람을 잡는 인생, 하나님을 붙드는 지혜

전도서는 인생의 허무함 속에서 하나님의 섭리를 묵상하게 합니다. 전도자의 "헛되고 헛되며 모든 것이 헛되도다"라는 선언은 허무주의가 아니라, 세상의 영광과 쾌락이 영원하지 않음을 드러냅니다. 전도자는 세상의 즐거움과 성취를 모두 경험했지만, 결국 그것들이 바람 잡는 것과 같다고 고백합니다. 지혜가 미련보다 나으나, 지혜로운 자든 미련한 자든 모두 죽음 앞에서는 똑같으며, 인생의 모든 일에는 하나님이 정하신 때가 있다고 말합니다. 그래서 사람에게 가장 좋은 것은 하나님이 주신 것을 즐거워하고, 선을 행하고, 하나님을 경외하는 것(3:14)이라고 말합니다.

묵상 노트

전도서 4-6장

오디오 바이블

가득 채워도 비어 있는 마음

전도자는 사람이 추구하는 권력, 재물, 성취가 결국 헛되다는 사실을 다양한 장면으로 보여 줍니다. 억압받는 자들의 눈물과 이를 위로할 자가 없는 현실, 이웃을 시기하는 경쟁심으로 일하는 수고, 가족이나 동료 없이 혼자 부를 쌓는 삶이 모두 헛되다고 말합니다. 전도자는 재물에 대한 집착은 만족을 주지 못하고 도리어 근심과 불면만 더한다고 경고합니다. 아무리 재물이 많고 오래 살아도 그것들을 누릴 능력을 하나님께 받지 못하면 다 헛되다고 말합니다. 이런 현실은 타락한 세상의 본질적인 유한함과 허무함을 드러냅니다. 타락한 세상에서 경험하는 좌절과 헛됨은 궁극적으로 우리를 예수님께로 이끕니다.

묵상 노트

3일차

전도서 7-9장

오디오 바이블

의인이 어려움을 당하고 악인이 형통해도

전도서 7-9장은 지혜의 참된 가치와 그 한계를 함께 보여 줍니다. 지혜는 인생을 안전하게 지켜 주는 방패 같지만, 지혜로운 사람이라도 완전하지 않으며, 의인이 고난을 겪고 악인이 형통하는 일도 있다고 말합니다. 하나님의 주권 아래 모든 일이 이뤄지지만, 그분이 하시는 모든 일을 우리가 다 헤아릴 수는 없습니다. 악인이 형통하고 장수하는 듯 보여도, 하나님이 반드시 심판하실 것을 믿고 참고 기다리라고 합니다. 죽음은 모든 사람을 찾아가고, 인생의 길과 때는 사람이 아니라 하나님께 달려 있다고 말합니다. 전도자는 이런 현실 속에서도 하나님이 주신 수고와 기쁨, 먹고 마시는 즐거움을 누리라고 권합니다.

묵상 노트

4일차

전도서 10-12장

오디오 바이블

하나님 경외가 사람의 본분

지혜는 위험을 피하게 하고 사람을 높이지만, 어리석음은 아무리 작아도 영광을 무너뜨릴 수 있다고 전도자는 말합니다. 그는 권세자의 잘못과 세상의 부조리를 지적하고, 일찍부터 부지런히 일하고 기회를 붙잡으라고 권합니다. 모든 행위가 결국 하나님 앞에서 다 드러나고 심판을 받을 것이므로, "하나님을 경외하고 그의 명령들을 지킬지어다 이것이 모든 사람의 본분이니라"(12:23)라고 결론 내립니다. 모든 것이 유한하고 헛되기에, 청년의 때에 창조주를 기억하며 하나님을 경외하는 것이 참 지혜입니다. 땅에 있는 우리와 달리, 하늘에 계신 하나님은 삶의 헛됨이나 절망적 세상의 지배를 받지 않으시고 모든 것을 다스리십니다. 그래서 이 땅을 사는 지혜는 바로 모든 것을 초월하시는 하나님을 경외하는 것입니다.

묵상 노트

5일차

아가 1-4장

오디오 바이블

언약 안에서 피어나는 사랑

아가서는 주로 두 관점으로 이해해 왔습니다. 하나님과 그 백성(또는 그리스도와 교회) 사이의 사랑으로 보는 관점과, 부부 간의 사랑과 성을 긍정적으로 보는 관점입니다. 이 두 관점은 서로 대립하지 않고 조화를 이룹니다. 아가서는 결혼 언약 안에서 누리는 사랑과 친밀함이 하나님이 주신 귀한 선물임을 잘 보여 줍니다. 그러면서 쾌락주의와 금욕주의라는 두 극단을 모두 거부합니다. 1-4장은 신랑과 신부가 서로의 아름다움과 매력을 기쁨으로 노래하며, 갈망과 설렘 속에서 사랑을 키워 가는 장면으로 가득합니다. 이 사랑은 헌신적인 사랑의 가치와 기쁨을 노래합니다. 우리는 아가서를 통해 우리의 실패한 사랑과 부족함을 고백하며, 끝까지 변함없이 우리를 사랑하시고 또한 우리의 신랑이 되셔서 완전한 의의 예복을 입혀 주시는 예수님께 나아갑니다.

묵상 노트

6일차

아가 5-8장

오디오 바이블

신부의 노래, 신랑을 기다리며

아가서는 오페라나 뮤지컬처럼, 주인공들이 주고받는 사랑의 노래와 이를 지켜보는 주변 사람들의 합창으로 구성되어 있습니다. 노래 전체에 흐르는 중요한 주제는 '기다림'입니다. 아직 둘은 혼인을 치르기 전이기 때문에 포도원의 작은 여우를 조심하듯 유혹을 경계하며, 진실한 사랑이 완성되기까지 기다립니다. 마지막에 신부와 신랑은 서로를 향한 변함없는 사랑과 헌신을 고백하고, 언약 안에서 누리는 사랑의 기쁨을 노래하며 끝맺습니다. 우리도 장차 다시 오실 예수님을 기다리며, 신부로서 주님이 오실 때까지 자신을 거룩하게 지키고, 마침내 이뤄질 혼인 잔치의 날을 믿음으로 소망합니다.

묵상 노트

소그룹

나눔

이번 한 주간 성경을 통독하면서, 기억에 남는 말씀을 나누어 봅시다.

적용

1. 전도자는 '해 아래 삶'을 헛되고 바람을 잡는 것으로 묘사합니다(전도서 1:14). 최근에 경험한 인생의 허무나 반복되는 좌절이 있다면 무엇인가요? 그때 어떤 마음이 들었나요?

2. 전도자는 세상의 수고와 쾌락이 헛되지만, 하나님이 주시는 선물로 기쁨을 누릴 수 있다고 말합니다. 최근에 하나님이 주신 선물(관계, 건강, 기회, 시간, 자연 등)로 기쁨을 느꼈던 순간이 언제였나요? 그 일이 단순한 좋은 일이 아니라 하나님이 주신 선물이라는 것을 어떻게 알 수 있었나요?

3. 전도자는 젊은 날에 창조주를 기억하라고 권면하고, 아가서는 순결하고 참된 사랑의 가치를 지키며 기다리라고 말합니다. 이번 주 '여호와를 경외하는 지혜'를 내 삶의 어떤 부분에서 구체적으로 실천할 수 있을까요? (관계, 건강, 재정, 시간, 말과 행동 등)

기도

서로의 기도 제목을 나누며 함께 기도합니다.

"또 이르시되
내가 너희와 함께 있을 때에 너희에게 말한 바
곧 모세의 율법과 선지자의 글과 시편에
나를 가리켜 기록된 모든 것이
이루어져야 하리라 한 말이 이것이라 하시고
이에 그들의 마음을 열어 성경을 깨닫게 하시고"

누가복음 24장 44-45절

WESTMINSTER
THEOLOGICAL SEMINARY
EST 1929

Korean Master of Arts in Theological Studies

한국어 신학연구 석사과정

소개

웨스트민스터 신학교의 한국어 신학연구 석사과정(KMATS)은
성경의 진리를 삶과 일터, 사역의 현장 등 삶의 모든 영역에 적용할 수 있도록
돕는 목회자, 선교사, 평신도 모두를 위한 프로그램입니다.

특징

1
세계적 명성의
웨스트민스터
교수진

2
원하는
시간과 장소에서
학습 가능

3
100% 온라인
전 세계 어디서나
강의 수강

4
아이비리그
대학에서 사용하는
플랫폼

교육과정

12
과목 이수

10
1학기 10주

4
1년 4학기

1.5
1.5 - 3년 소요

졸업 요건 : 12과목 이수 + 졸업 총괄평가

졸업 총괄평가는 졸업 시험, 소논문, 현장 적용 연구 중 하나를 선택하여 수행할 수 있습니다.

교수진

피터 릴백

이안 더귀드

번 포이트레스

데이비드 가너

윌리엄 에드가

브랜든 크로우

조나단 깁슨

싱클레어 퍼거슨

리처드 개핀

과목

필수 과목

구약성경과 그리스도 이안 더귀드, 조나단 깁슨, 번 포이트레스

신약성경과 그리스도 브랜든 크로우, 리처드 개핀, 번 포이트레스 (초청 강사: 데이비드 브리오네스)

성경 해석 원리 번 포이트레스

조직신학 개론 데이비드 가너

교회사 개론 피터 릴백

변증학 개론 윌리엄 에드가 (초청 강사: 다니엘 맥브라이드, 밥 크래머)

신론: 하나님을 아는 지식 싱클레어 퍼거슨

구원론: 그리스도와의 연합 싱클레어 퍼거슨

구약성경 적용 이안 더귀드

신약성경 적용 브랜든 크로우

선택 과목 (3과목 중 택2)

기독교와 문화 윌리엄 에드가 (초청 강사: 팀 켈러)

과학과 신앙 번 포이트레스

예배를 위한 성경신학 이안 더귀드

문의

www.wts.edu/kmats
kmats@wts.edu
+1 215-572-3852 (미국) 02-2289-9081 (한국)
카카오톡에서 "KMATS"을 검색하여 문의

프로그램 페이지

WESTMINSTER
THEOLOGICAL SEMINARY
EST. 1929

Korean Theological Studies Certificates

한국어 신학연구 수료과정

소개

한국어 신학연구 수료과정은 전체 학위 과정을 이수하지 않고
웨스트민스터 신학교 교육과정의 핵심이 되는 네 과목만을 선택하여
신학적 기초와 적용의 토대를 다질 수 있는 프로그램입니다.

대상

□ 성경에 기반한 개혁신학을 공부하고 싶은 **교회 중직자** 또는 **평신도**
□ 주일학교 사역자가 없는 교회에서 사역자에 준하는 역할을 감당하고 있는 **평신도 직분자**
□ 성경과 신앙을 기초로 교육하는 기독교 학교 및 대안학교 **교사**
□ 기독교 세계관을 일터에 적용하고자 하는 **전문직 종사자** 또는 **크리스천 사업가**
□ 해외 선교지 현장에서 신학 훈련이 필요한 **평신도 선교사**
□ 신학적 토대를 다지고 싶은 목회자 **사모**

교육과정

4	100	10	1
과목 이수	100% 온라인	1과목 10주	6개월 - 1년 소요

트랙 1 Foundations of Theology Certificate (FTC)

웨스트민스터 신학입문 수료과정

웨스트민스터 신학교의 교육 이념과 신학적 핵심을 배우는 개론 과목으로 구성되어 있는 프로그램입니다. 성경의 통일된 메시지를 이해하고 복음과 신앙, 일, 문화 등을 성경적 세계관으로 바라볼 수 있도록 합니다.

과목

1	2	3	4
구약성경과 그리스도	신약성경과 그리스도	변증학 개론	조직신학 개론

트랙 2 Christ-centered Biblical Interpretation (CBI)

그리스도 중심 성경해석 수료과정

성경의 중심 메시지가 예수 그리스도라는 확신 가운데 성경을 그리스도 중심으로 읽고 가르치며, 삶과 사역의 다양한 영역에 적용하고자 하는 분들을 위한 프로그램입니다. 이 과정을 통해 성경의 진리를 깊이 있게 연결하는 원리를 배우게 될 것입니다.

과목

1	2	3	4
구약성경과 그리스도	신약성경과 그리스도	성경해석의 원리	구약성경 적용 신약성경 적용 2과목 중 택1

학생 후기

"수업에 일 년 정도 참여한 사람으로서 가장 좋았던 점은 매 학기 교수님들의 강의가 모두 한 방향을 갖고 있다는 점입니다. 그 방향은 성경 안에서 그리스도를 바라봐야 한다는 것입니다. 개혁주의 신앙 체계 안에서 바른 신학을 가르쳐 주셔서 감사합니다." (조직신학개론 수강 학생)

프로그램 페이지

리딩지저스

1권
창세기-여호수아

2권
사사기-에스더

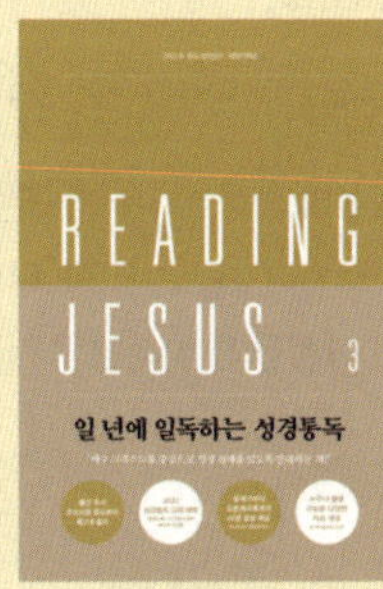

3권
욥기-아가

4권
이사야-말라기

5권
마태복음-로마서

6권
고린도전서-요한계시록

리딩지저스
성경통독
라이트

1권
창세기-여호수아

2권
사사기-에스더

3권
욥기-아가

4권
이사야-말라기

5권
마태복음-로마서

6권
고린도전서-요한계시록